¡vamos a crear!

Vegetales y semillas

Ⓟ Parramón

Dirección editorial: Jesús Araújo
Texto y creaciones: Cristina Crexells
Anna Llimós Plomer
Diseño de la colección: Carlos Bonet
Diagramación: SET
Maqueta: PACMER, S.A.
Dibujos: José María Casanova
Fotografía: Estudio Nos & Soto
Modelo infantil para las manos: Nina Soto
Archivo fotográfico: Mª Carmen Ramos

Primera edición: septiembre 2000
© 2000 Parramón Ediciones, S. A.
Derechos exclusivos de edición para todo el mundo
Gran Via de les Corts Catalanes, 322-324
08004 Barcelona - España

Dirección de producción: Rafael Marfil
ISBN: 84-342-2316-3
Depósito Legal: B-35.126-2000
Impreso en España

Sumario

Sumario
Sumario
Sumario
Sumario

Introducción

Hojas de diferentes formas y tamaños, flores de mil colores, frutos secos, palos, raíces, cañas, y otros elementos obtenidos directa o indirectamente de la naturaleza facilitan este *¡Vamos a crear!* con vegetales y semillas.

La naturaleza nos puede sorprender con sus formas y colores. Si damos un paseo por el campo o el bosque y observamos atentamente nuestro alrededor, encontraremos gran cantidad de elementos vegetales que nos abrirán un sinfín de posibilidades para realizar originales manualidades.

Cacahuetes, castañas, habas, judías, garbanzos. Un mercado puede ser un buen lugar para encontrar otros elementos naturales que, aunque sólo los utilicemos para alimentarnos, también pueden servirnos para elaborar creativos y divertidos trabajos.

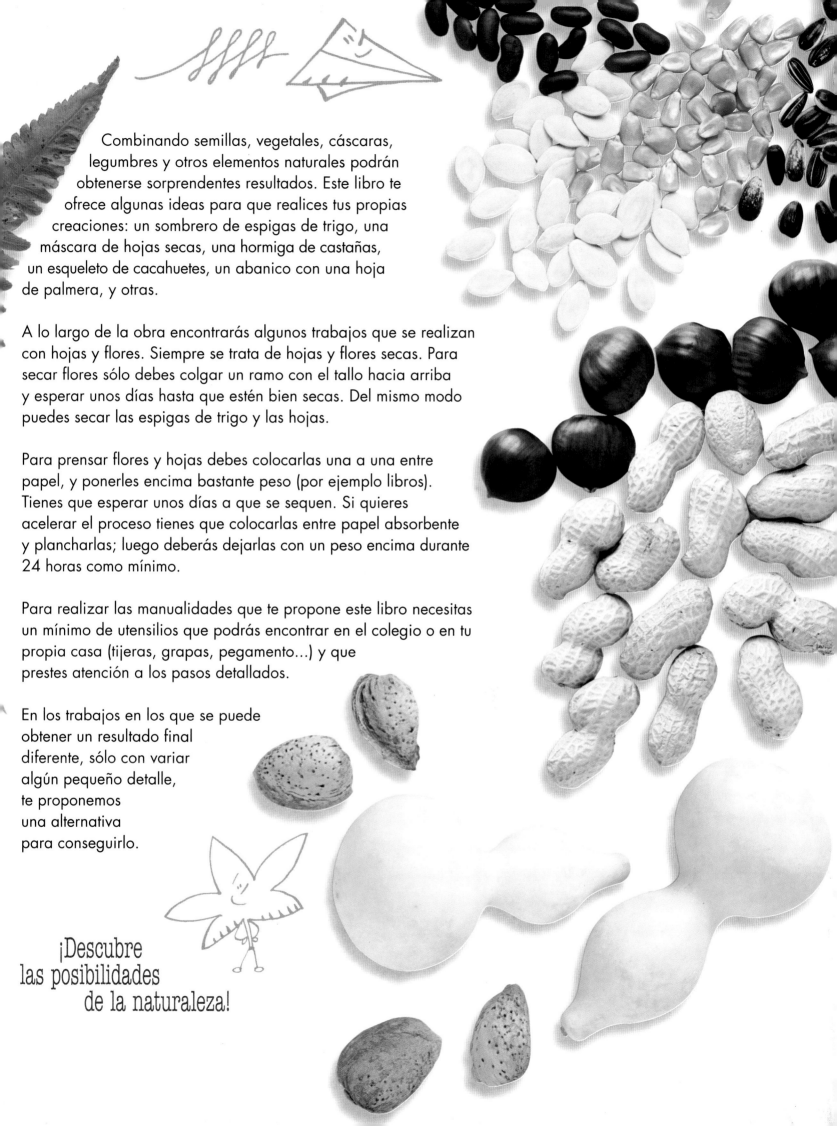

Combinando semillas, vegetales, cáscaras,
legumbres y otros elementos naturales podrán
obtenerse sorprendentes resultados. Este libro te
ofrece algunas ideas para que realices tus propias
creaciones: un sombrero de espigas de trigo, una
máscara de hojas secas, una hormiga de castañas,
un esqueleto de cacahuetes, un abanico con una hoja
de palmera, y otras.

A lo largo de la obra encontrarás algunos trabajos que se realizan
con hojas y flores. Siempre se trata de hojas y flores secas. Para
secar flores sólo debes colgar un ramo con el tallo hacia arriba
y esperar unos días hasta que estén bien secas. Del mismo modo
puedes secar las espigas de trigo y las hojas.

Para prensar flores y hojas debes colocarlas una a una entre
papel, y ponerles encima bastante peso (por ejemplo libros).
Tienes que esperar unos días a que se sequen. Si quieres
acelerar el proceso tienes que colocarlas entre papel absorbente
y plancharlas; luego deberás dejarlas con un peso encima durante
24 horas como mínimo.

Para realizar las manualidades que te propone este libro necesitas
un mínimo de utensilios que podrás encontrar en el colegio o en tu
propia casa (tijeras, grapas, pegamento...) y que
prestes atención a los pasos detallados.

En los trabajos en los que se puede
obtener un resultado final
diferente, sólo con variar
algún pequeño detalle,
te proponemos
una alternativa
para conseguirlo.

¡Descubre
las posibilidades
de la naturaleza!

Florero de calabazas
Florero de calabazas
Florero de calabazas

Florero de calabazas

**Puedes diseñar un original florero con 5 calabazas.
Realiza los pasos siguientes y lo conseguirás.**

1 Escoge 5 calabazas pequeñas del mismo tamaño y pide a un adulto que te ayude a cortar la parte superior de cada una.

Caja de herramientas

Necesitarás:
- Calabazas pequeñas
- Cañas de río de 35 cm
- Acuarelas (colores rojo, rosado y verde)
- Gomas elásticas
- Cordel
- Papel de lija
- Tijeras
- Pincel

2 Saca las semillas del interior y lija la parte superior de cada calabaza.

3 Con los colores que prefieras (en este caso rojo, rosado y verde) pinta las calabazas y déjalas secar.

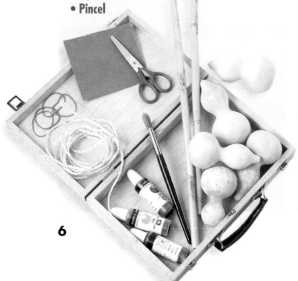

6

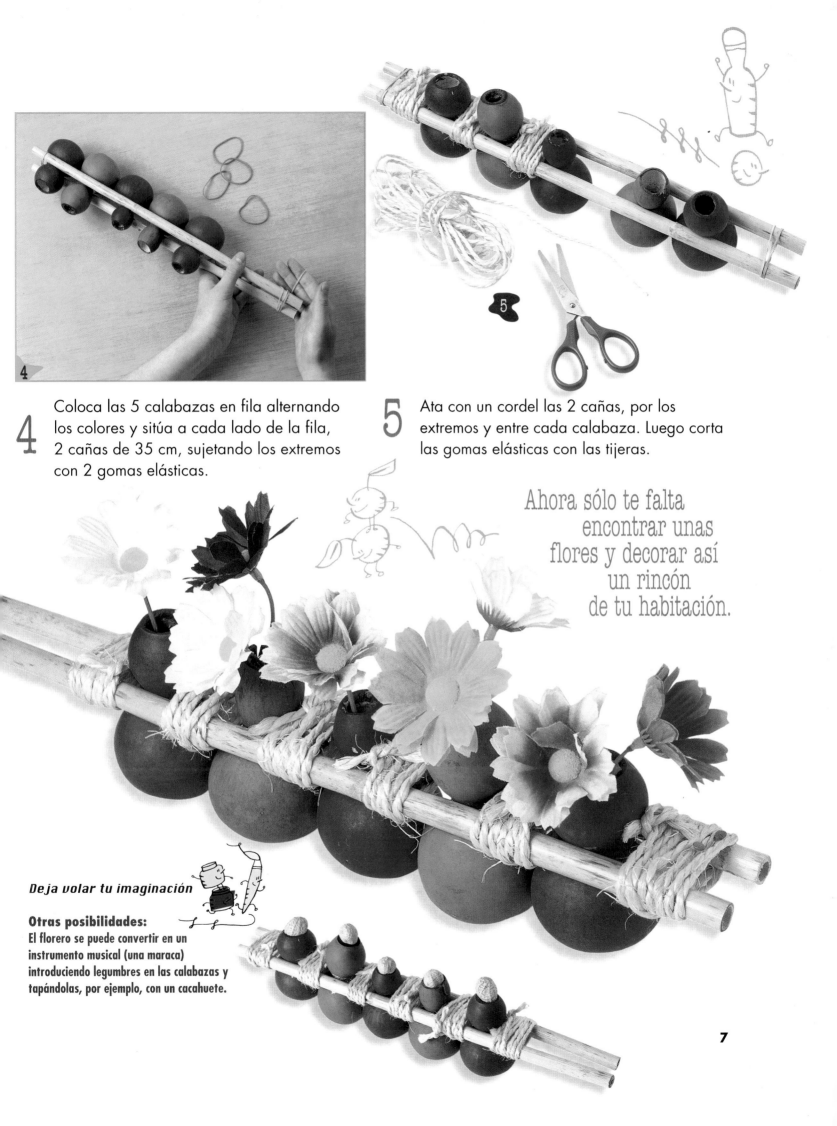

4 Coloca las 5 calabazas en fila alternando los colores y sitúa a cada lado de la fila, 2 cañas de 35 cm, sujetando los extremos con 2 gomas elásticas.

5 Ata con un cordel las 2 cañas, por los extremos y entre cada calabaza. Luego corta las gomas elásticas con las tijeras.

Ahora sólo te falta encontrar unas flores y decorar así un rincón de tu habitación.

Deja volar tu imaginación

Otras posibilidades:
El florero se puede convertir en un instrumento musical (una maraca) introduciendo legumbres en las calabazas y tapándolas, por ejemplo, con un cacahuete.

Raíz musical

¿Te ves capaz de marcar el ritmo con una raíz?
Para lograrlo sigue con atención estos pasos.

Caja de herramientas

Necesitarás:
• Raíz
• Rafia natural teñida de colores (blanco, verde y rojo)
• Cápsulas de semillas de adormidera
• Cordel
• Tijeras

2 Anuda un trozo de cordel en cada cambio de color para que todo quede bien sujeto.

1 Busca una raíz de unos 40 cm de largo y enrolla alrededor de ella rafia de distintos colores hasta cubrirla por completo. Haz un nudo cada vez que cambies de color.

3 A cada cápsula anúdale un trozo de cordel de unos 10 cm. También puedes atarlas por parejas. Ten en cuenta que debes cortar el tallo.

8

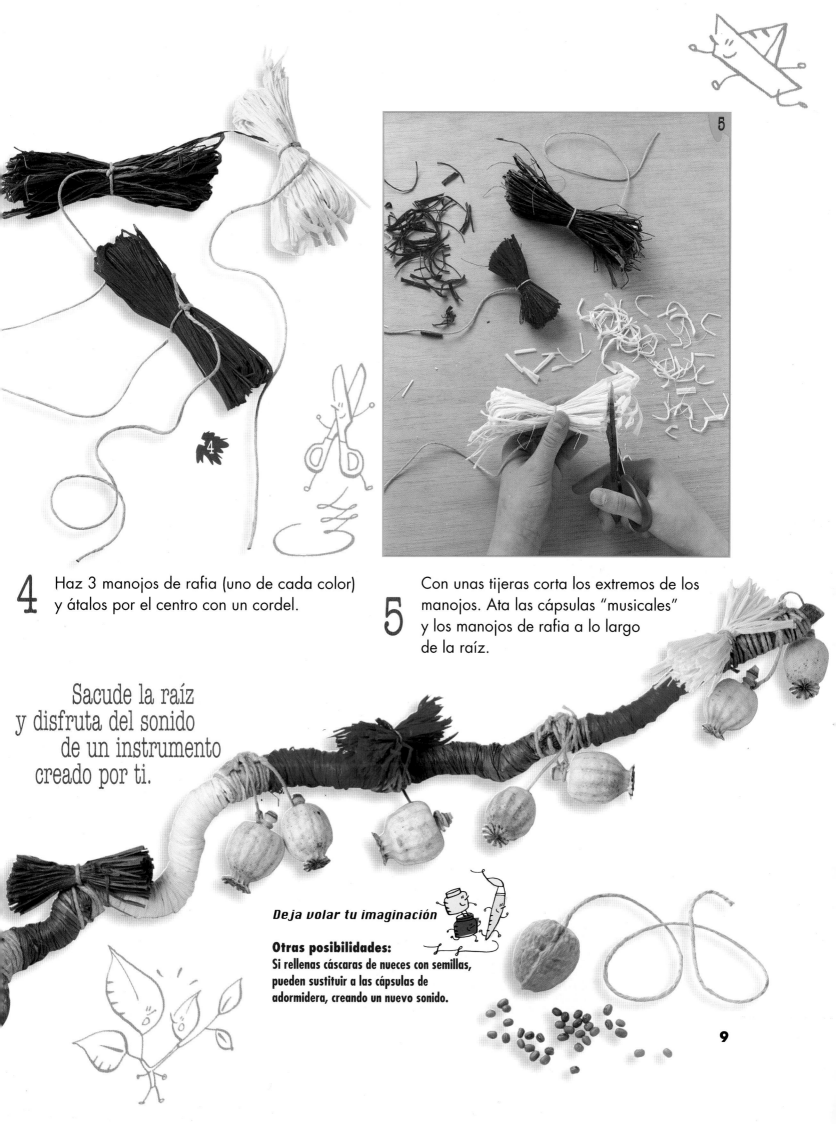

4 Haz 3 manojos de rafia (uno de cada color) y átalos por el centro con un cordel.

5 Con unas tijeras corta los extremos de los manojos. Ata las cápsulas "musicales" y los manojos de rafia a lo largo de la raíz.

Sacude la raíz y disfruta del sonido de un instrumento creado por ti.

Deja volar tu imaginación

Otras posibilidades:
Si rellenas cáscaras de nueces con semillas, pueden sustituir a las cápsulas de adormidera, creando un nuevo sonido.

Postales

Felicita a tus amigos con una postal vegetal diseñada por ti. Para conseguirlo sigue las instrucciones siguientes.

Necesitarás:
- Hojas de eucalipto
- Hojas redondas pequeñas
- Hojas alargadas verdes
- Amapola seca
- Helecho seco
- Tijeras
- Cartulina DIN-A4 de color crudo
- Pegamento

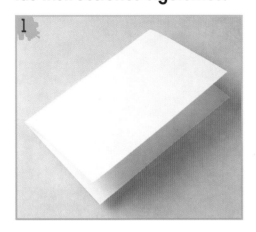

1 Dobla una cartulina DIN-A4 por la mitad.

2 Corta 6 hojas redondas pequeñas en cuadrados y las de eucalipto y las alargadas en rectángulos pequeños.

3 Pega los trozos más pequeños a uno y otro lado del centro de la postal.

4 En la parte superior, con pegamento diluido en agua, pega 3 cuadrados en la parte superior y otros 3 en la inferior.

5 En el centro de la postal pega una amapola seca.

6 Alrededor de la amapola pega trozos de hojas de helecho secas.

Consigue un sobre
y envía la postal
a un amigo tuyo.

Deja volar tu imaginación

Otras posibilidades:
Pegando pétalos y hojas secas puedes hacer un cuadro para colgarlo en tu habitación.

Servilleteros

Sorprende a tu familia realizando unos alegres servilleteros. Sólo tienes que seguir estos pasos.

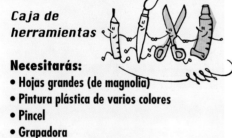

1 Escoge varias hojas grandes (de magnolia) y píntalas con pintura plástica de un color uniforme.

2 Una vez secas, pinta encima en otro color varios motivos inventados.

Caja de herramientas

Necesitarás:
- Hojas grandes (de magnolia)
- Pintura plástica de varios colores
- Pincel
- Grapadora
- Tijeras

3 Con unas tijeras corta un trozo de la hoja por la parte del tallo.

4 Enrolla la hoja y sujétala con dos grapas.
Haz lo mismo con todas las demás.

Enseña los servilleteros
a tu familia y deja que cada
uno escoja el que más le guste.

*Deja volar
tu imaginación*

Otras posibilidades:
Puedes personalizar cada servilletero
pintando encima la inicial de los nombres.

Títere brujo

Realiza todo tipo de personaje-títere con hojas secas. Para darle vida sigue paso a paso estas indicaciones.

Necesitarás:
- Hojas grandes
- Hojas de eucalipto
- Hoja de palmera seca
- Hojas pequeñas de forma ovalada
- Semillas de girasol
- Habas blancas
- Judías (frijoles) negras
- Almendra con cáscara
- Judías moteadas
- Palo de unos 45 cm
- Pintura plástica verde y roja
- Cinta adhesiva negra
- Tijeras
- Cola blanca
- Pincel

1 Elige una hoja grande para hacer la cara del títere y pega en ella dos habas blancas con dos judías negras en el centro que serán los ojos.

2 Haz las pestañas pegando semillas de girasol alrededor de las habas, y una almendra para la nariz.

3 Debajo de la nariz haz la boca pegando judías moteadas.

4 Una vez terminada la cara y por detrás de ésta une un palo con cinta adhesiva negra.

5 Para hacer el pelo sujeta hojas de eucalipto con cinta adhesiva negra por la parte posterior de la cara.

6 Toma otra hoja grande para el cuerpo y pega 4 habas blancas simulando botones.

15

7
Para realizar los brazos sujeta con cinta adhesiva 2 hojas de eucalipto por la cara posterior del cuerpo.

8
En los extremos de los brazos pega 2 hojas pequeñas que serán las manos.

9
Pinta una hoja de palmera de color verde y rojo; ésta será la falda del títere.

10
Con cinta adhesiva une la falda al palo, dejando entre ésta y la cabeza espacio suficiente para pegar el cuerpo.

11 Por último une con cinta adhesiva el cuerpo en el espacio que has reservado anteriormente.

¡Dale un nombre a tu nuevo títere brujo!

Deja volar tu imaginación

Otras posibilidades:
Puedes inventar distintas caras combinando otras hojas y legumbres, e incluso pintarlas de colores diferentes.

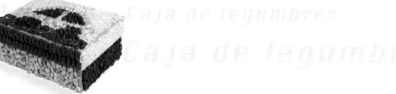

Caja de legumbres

Con un poco de imaginación y algunas legumbres puedes decorar una caja de cartón. Sólo debes efectuar los siguientes pasos.

Con un rotulador negro dibuja un automóvil en la tapa de una caja de cartón.

Aplica cola blanca a todo el automóvil, luego rellénalo con granos de maíz. En las ventanas y ruedas pon fréjoles (frijoles) negros.

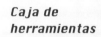

Caja de herramientas

Necesitarás:
- Caja pequeña de cartón
- Maíz
- Fréjoles (frijoles, judías) negros
- Frijoles rojos
- Arroz
- Rotulador negro
- Cola blanca

Con frijoles rojos rellena el suelo y lateral de la tapa que continúa.

Rellena el cielo y los otros 3 laterales de la tapa con arroz.

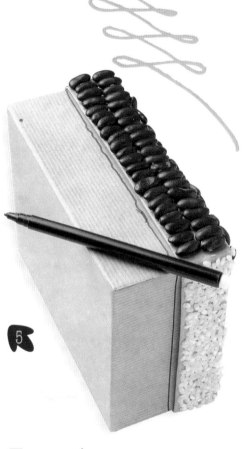

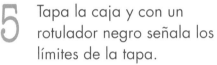

5 Tapa la caja y con un rotulador negro señala los límites de la tapa.

6 Encola los dos laterales largos de la caja hasta la señal del rotulador y cúbrelos de maíz. Luego encola los dos laterales cortos y pega en ellos los frijoles negros.

Esta decorativa caja puedes utilizarla para guardar tus secretos.

Deja volar tu imaginación

Otras posibilidades:
Puedes inventar cualquier dibujo (casa, flor, búho) así como cambiar la forma de la caja (redonda, cuadrada).

19

Esqueleto

Asusta a tus compañeros y a los mayores con unos cuantos cacahuetes. Para lograrlo aplica las indicaciones siguientes.

Caja de herramientas

Necesitarás:
- Cacahuetes
- Hilo de nailon
- Tijeras
- Aguja de lana
- Pintura blanca y negra
- Pincel

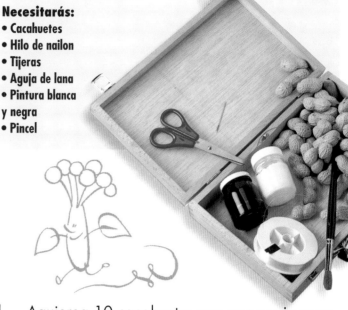

1 Agujerea 10 cacahuetes con una aguja para lana y hazlos pasar por un hilo de nailon de unos 20 cm de largo. Anuda los extremos y tendrás el cuerpo del esqueleto.

2 Para hacer una pierna pasa 11 cacahuetes por un trozo de nailon de unos 45 cm. El hilo de nailon sobrante pásalo por el último cacahuete del cuerpo, y añade 11 cacahuetes más para la otra pierna. Anuda el extremo.

3 Para hacer los brazos sigue el mismo proceso del paso anterior pero con 9 cacahuetes a cada lado. Éstos los situarás en el cacahuete superior del cuerpo.

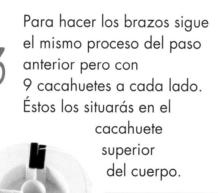

4 Ata cuatro trozos de hilo de 15 cm de largo y pasa 2 cacahuetes por cada uno de ellos. Luego anuda los 4 extremos para obtener la forma de la cabeza.

20

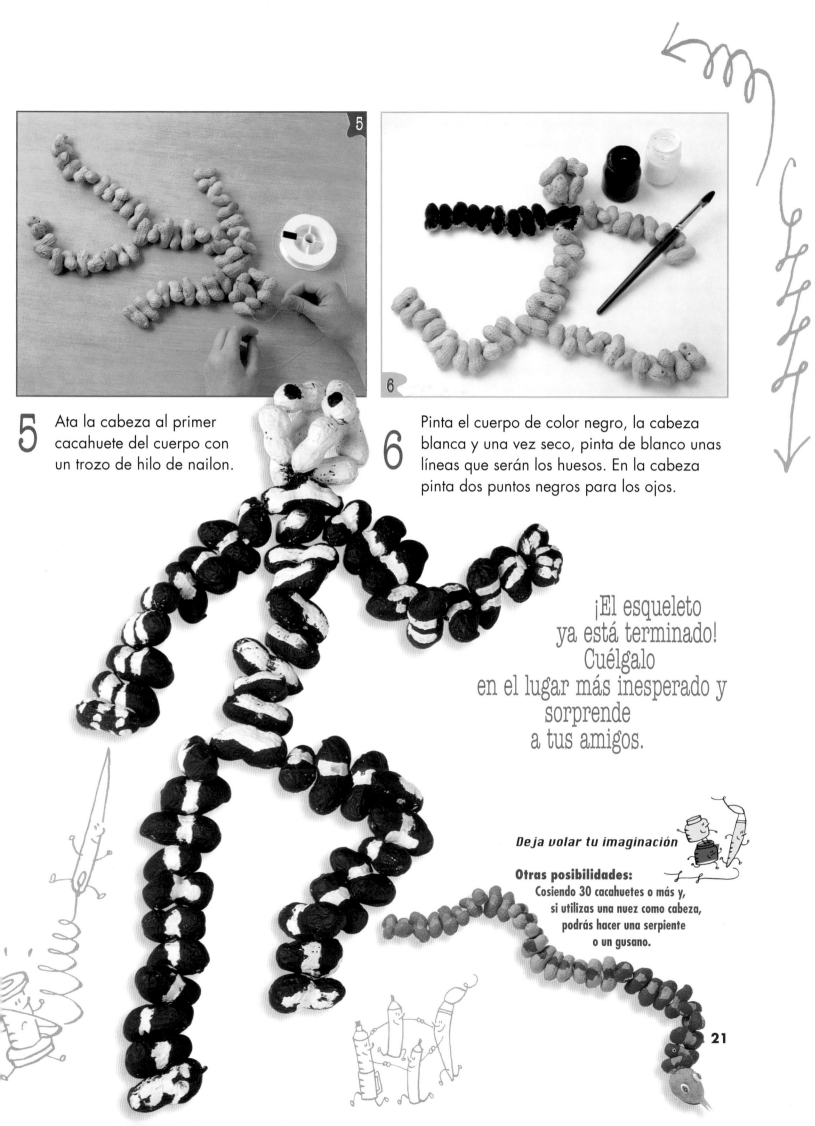

5 Ata la cabeza al primer cacahuete del cuerpo con un trozo de hilo de nailon.

6 Pinta el cuerpo de color negro, la cabeza blanca y una vez seco, pinta de blanco unas líneas que serán los huesos. En la cabeza pinta dos puntos negros para los ojos.

¡El esqueleto
ya está terminado!
Cuélgalo
en el lugar más inesperado y
sorprende
a tus amigos.

Deja volar tu imaginación

Otras posibilidades:
Cosiendo 30 cacahuetes o más y, si utilizas una nuez como cabeza, podrás hacer una serpiente o un gusano.

Hormiga

Si quieres convertir 4 castañas en una divertida hormiga, sigue paso a paso estas indicaciones.

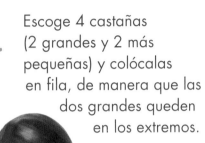

1 Escoge 4 castañas (2 grandes y 2 más pequeñas) y colócalas en fila, de manera que las dos grandes queden en los extremos.

2 Corta un trozo de alambre de la misma longitud que la fila de castañas.

3 Para hacer los ojos de la hormiga pega 2 frijoles a la primera castaña con cola blanca.

Caja de herramientas

Necesitarás:
- Castañas
- Frijoles (fréjoles)
- Alambre
- Tenazas
- Cola blanca

4 Clava la tira de castañas al alambre presionando con los dedos, y luego inserta la cabeza.

5 Con la ayuda de unas tenazas corta 6 trozos de alambre de unos 18 cm de largo que utilizarás para hacer las patas.

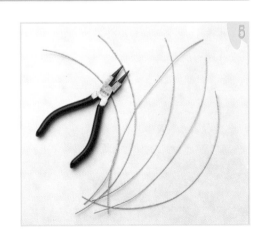

7 Presionando con los dedos clava 4 patas en la segunda castaña (2 a cada lado) y 2 en la tercera (una a cada lado).

¡Ya tienes
tu primera hormiga!
¿Te atreves
a hacer todo
un ejército?

6 Dobla por la mitad los 6 trozos de alambre y retuércelos, luego dales la forma de pata.

*Deja volar
tu imaginación*

Otras posibilidades:
Puedes hacer un ciempiés uniendo unas cuantas castañas más e incluso pintarlo de colores.

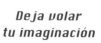

Sombrero de trigo

Protégete del sol con un sombrero de espigas de trigo. Para ello sólo debes seguir estos pasos.

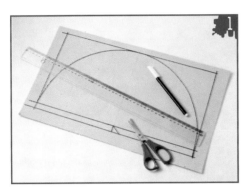

Caja de herramientas

Necesitarás:
- Espigas de trigo
- Tijeras
- Cola blanca
- Pincel
- Cartulina de 20 x 40 cm
- Goma elástica negra
- Perforadora
- Anilina roja
- Compás
- Regla
- Pinzas para la ropa
- Rotulador negro

1 En la cartulina y con un compás dibuja una semicircunferencia de 20 cm de radio. Dibuja también una pestaña de 1 cm de ancho del mismo largo que el radio. Recorta y dobla la pestaña.

2 Encola la pestaña y pega la plantilla en forma de cono.

3 Sujétalo con pinzas hasta que se seque.

4 Corta el tallo de las espigas de trigo y pinta algunas de rojo.

5 Aplana el cono, encólalo y pega las espigas.

24

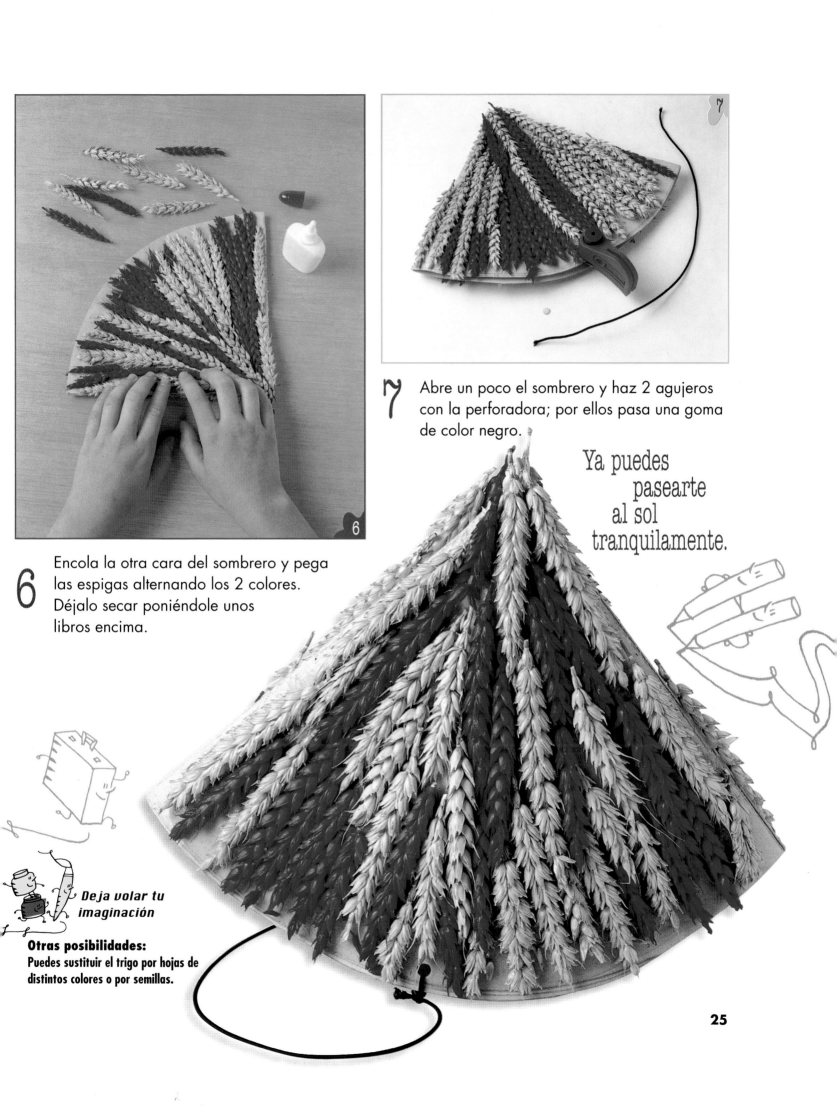

6 Encola la otra cara del sombrero y pega las espigas alternando los 2 colores. Déjalo secar poniéndole unos libros encima.

7 Abre un poco el sombrero y haz 2 agujeros con la perforadora; por ellos pasa una goma de color negro.

Ya puedes
pasearte
al sol
tranquilamente.

Deja volar tu imaginación

Otras posibilidades:
Puedes sustituir el trigo por hojas de distintos colores o por semillas.

Individual

**Teje tu propio individual para desayunar cada mañana.
Para construirlo pon atención a las siguientes instrucciones.**

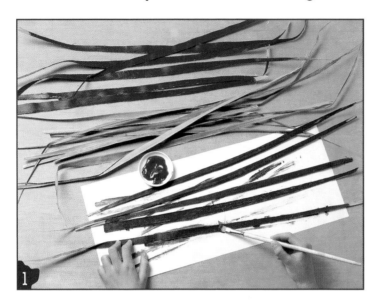

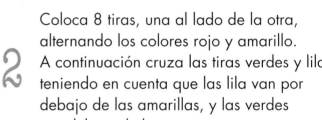

1 Consigue 39 tiras de hojas de palmera
y píntalas con pintura acrílica: 12 rojas,
11 amarillas, 6 verdes y 8 de color lila.

2 Coloca 8 tiras, una al lado de la otra,
alternando los colores rojo y amarillo.
A continuación cruza las tiras verdes y lila,
teniendo en cuenta que las lila van por
debajo de las amarillas, y las verdes
por debajo de las rojas.

**Caja de
herramientas**

Necesitarás:
- 39 tiras de hojas de palmera
- Grapadora
- Tijeras
- Pegamento
- Pintura acrílica lila, verde, amarilla y roja
- Pincel

3 Una vez trenzadas 35 tiras recorta los bordes
dejando aproximadamente 1 cm, que te
servirá para realizar el acabado.

4 Dobla todos los extremos y grápalos.

5 Pega las 4 tiras lila que te han sobrado alrededor del individual para ocultar las grapas.

¡Sólo tienes
que preparar
un buen desayuno
y estrenar
este indivual!

Deja volar tu imaginación

Otras posibilidades:
Puedes trenzar las tiras
de palmera sin pintar
y así podrás hacer
un dibujo encima.

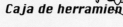

Máscara

Siguiendo estos pasos podrás ocultar tu rostro detrás de una original máscara.

Caja de herramientas

Necesitarás:

- Hojas grandes
- Semillas de girasol
- Semillas de calabaza
- Judías (fréjoles, frijoles) rojas
- Goma elástica negra
- Cola blanca
- Rotulador negro
- Punzón

1 Con cola blanca une 2 hojas grandes de manera que te cubran la cara.

2 Con un rotulador negro dibuja los ojos y recórtalos ayudándote con un punzón.

3 Con cola blanca pega las judías rojas siguiendo el contorno de la máscara.

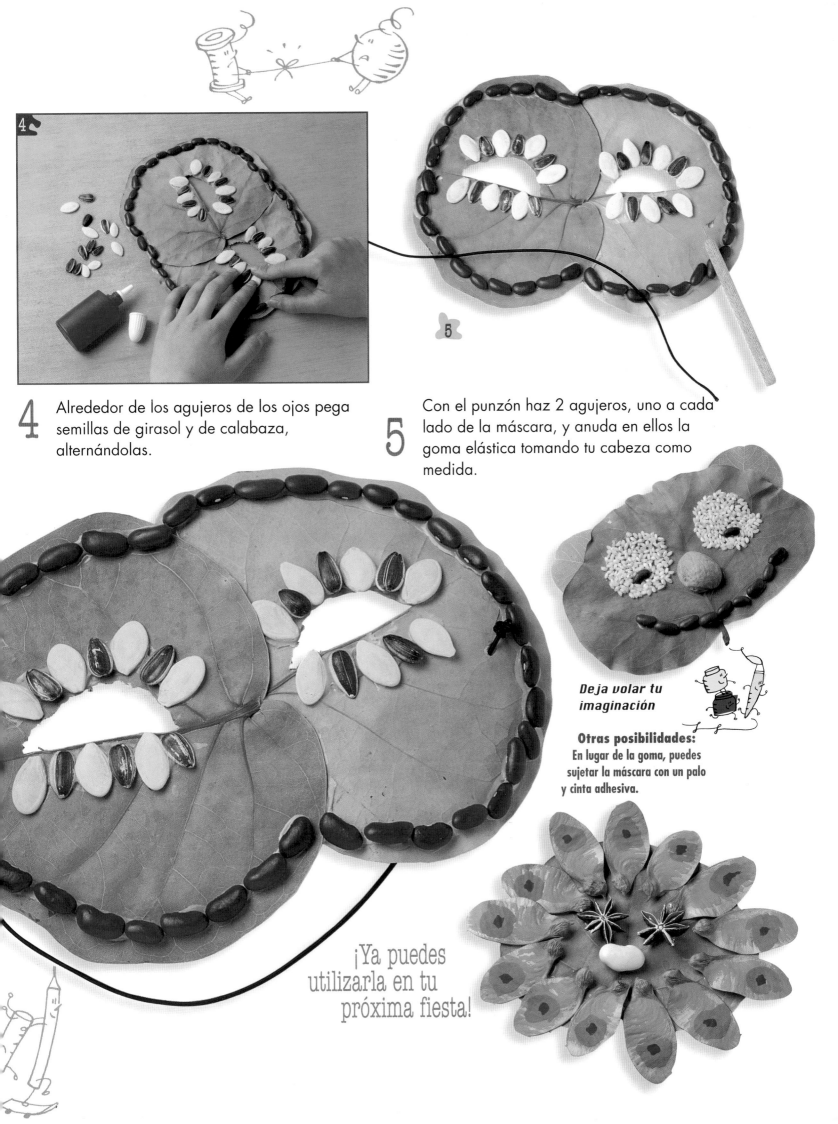

4 Alrededor de los agujeros de los ojos pega semillas de girasol y de calabaza, alternándolas.

5 Con el punzón haz 2 agujeros, uno a cada lado de la máscara, y anuda en ellos la goma elástica tomando tu cabeza como medida.

Deja volar tu imaginación

Otras posibilidades:
En lugar de la goma, puedes sujetar la máscara con un palo y cinta adhesiva.

¡Ya puedes utilizarla en tu próxima fiesta!

Abanico

Con una hoja de palmera y una caña puedes construir un práctico abanico. Sólo tienes que seguir el proceso paso a paso.

1 Con unas tijeras recorta una hoja de palmera en forma de lanza.

2 Coloca unos libros encima de la hoja recortada y déjala así unos días hasta que se seque. Luego píntala con pintura de color granate.

Caja de herramientas

Necesitarás:

- Hoja de palmera pequeña
- Caña de río de 40 cm de largo y 1 cm de diámetro
- Papel de lija
- Tijeras
- Pinceles
- Pintura plástica granate, rosa, anaranjada y amarilla
- Pegamento

3 Lija la caña de río para que al pintarla, la pintura quede adherida.

4 Pinta la caña con franjas de pintura rosa y anaranjada, y una vez seca pinta anillos amarillos para que toda la caña quede pintada.

5 Después de aplicar pegamento al tallo, introduce la hoja de palmera por un extremo de la caña y presiona con los dedos para que quede bien sujeta.

Deja volar tu imaginación

Otras posibilidades:
Puedes recortar la hoja de palmera de mil formas diferentes: un triángulo, una mariposa, un corazón...

¿Ves como no es tan difícil sobrevivir al calor?

¡vamos a crear!

Sugerencias didácticas

Únicamente motivando al niño/a podemos conseguir que su aprendizaje sea más variado y profundo. Por lo tanto, los trabajos propuestos en este libro tienen una finalidad que va más allá de la mera realización de los mismos. Se intenta motivar al niño/a mediante manualidades que pueden tener una utilidad práctica y/o lúdica.

Trabajar con semillas y vegetales puede ser un punto de partida para que los niños entren en contacto con la naturaleza y conozcan así su diversidad. También les ayuda a desarrollar su imaginación transformando elementos naturales en objetos útiles y decorativos. Es importante dejar que el niño/a aporte ideas nuevas al margen de las propuestas en este libro y fomentar así su creatividad.

A continuación se exponen algunas sugerencias para la realización de cada manualidad, así como las edades más apropiadas para trabajarlas. Es importante destacar que la edad indicada, aunque se fundamenta en el grado de dificultad del proceso de elaboración, es meramente orientativa, ya que los trabajos se pueden adecuar al nivel de cada grupo o de cada niña o niño.

1 **Florero de calabazas.** Es aconsejable dejar que los más pequeños decoren con pinturas de colores las calabazas.
A partir de 6 años

2 **Raíz musical.** El trabajo se enriquece si el niño/a busca el sonido en distintos elementos naturales.
A partir de 7 años

3 **Postales.** Los más pequeños pueden hacer primero el dibujo y después rellenarlo con hojas.
A partir de 5 años

4 **Servilleteros.** Se puede reforzar el servilletero dándole una capa de barniz para hacerlo más duradero.
A partir de 5 años

5 **Títere brujo.** Es importante que cada niño/a invente su propio personaje combinando hojas y legumbres.
A partir de 7 años

6 **Caja de legumbres.** No es necesario realizar un dibujo; combinando las distintas legumbres y formando cenefas se puede obtener una decorativa caja.
A partir de 7 años

7 **Esqueleto.** Si un adulto realiza los agujeros en los cacahuetes, los niños/as de 5 años pueden construir un collar o una pulsera.
A partir de 6 años

8 **Hormiga.** Las patas de la hormiga también pueden hacerse con objetos naturales, como palitos.
A partir de 7 años.

9 **Sombrero de trigo.** Se pueden teñir las espigas llenando un cubo de agua con tinte del color deseado y luego sumergirlas.
A partir de 6 años

10 **Individual.** Para facilitar la manualidad pueden realizarse objetos más pequeños, como posavasos.
A partir de 8 años

11 **Máscara.** Puede completarse el trabajo pintando las hojas con colores vivos.
A partir de 5 años

12 **Abanico.** Si la hoja de palmera no encaja bien puede sujetarse a la caña con cinta adhesiva de algún color.
A partir de 5 años